I0821379

Carta
Manuscript Paper

Carta
Manuscript Paper

NO. 33

NO. 33

NO. 33

NO. 33

Carta Manuscript Paper NO. 33

Carta
MANUSCRIPT PAPER
NO. 33

Carta
Manuscript Paper
NO. 33

NO. 33

Carta
Manuscript Paper

Carta
Manuscript Paper

NO. 33

Carta
Manuscript Paper

NO. 33

NO. 33

Carta
Manuscript Paper

NO. 33

NO. 33

NO. 33

NO. 33

Carta
Manuscript Paper

Carta
Manuscript Paper

NO. 33

NO. 33

Carta
Manuscript Paper

Carta
Manuscript Paper

Carta
Manuscript Paper

NO. 33